AF266933

GOD'S

PRINCIPLES

HOW TO LIVE DEBT FREE AND GAIN FINANCIAL FREEDOM

KIM MAI SKIDMORE

ISBN: 978-1-971940-62-5 (sc)
ISBN: 978-1-971940-63-2 (e)

Rev. date: 05/27/2026

CONTENTS

DEDICATION TO GOD and A WORD TO THE READER

"Paul's Thanksgiving and Prayer"

"Every time I think of you, I give thanks to my God. Whenever I pray, I make my requests for all of you with joy, for you have been my partners in spreading the Good News about Christ from the time you first heard it until now. And I am certain that God, who began the good work within you, will continue his work until it is finally finished on the day when Christ Jesus returns."

Philippians 1:3-6 (NLT)

Dear reader,

This is the work that God had inspired and lead me to write to all the Christians worldwide.

There are millions of people in our country today and globally that are struggling financially.

I wrote this book, while having you all in mind, to let you know and to remind you of God's principles.

His will for all of us, is to live and enjoy life in abundance to the full.

Also, that we will be able to thrive above and beyond all that we can ask or imagine.

I have you all in my thoughts and prayers and for those of you that will read this book.

After you have done so, I pray that you will want to change your lifestyles and act right away, today, and follow God.

So that you will have victory over your finances and gain true peace and financial freedom.

Servant of Christ,
Kim Mai Skidmore

INTRODUCTION

"Jesus replied, 'But even more blessed are all who hear the word of God and put it into practice'" (Luke 11:28, NLT).

As a financial coach and advisor for almost a decade now, since 2016 I am excited to share two important life and financial lessons I learned from God with you:

1. How to follow His ways

2. How to live debt-free and gain financial peace and freedom

Debt is a huge financial problem we all have. But we can tackle it, follow God's principles, and understand the concept of living debt-free with no financial burdens.

According to the 2025 Experian Credit Bureau review, the average American family has about $104,755 in consumer debt and approximately 78% of people live from paycheck to paycheck. Total US consumer Debt in 2025 owed $18.33 trillion in total debt as of June 2025. That's up 3.2% from $17.76 trillion they owed in June 2024. I'm sure those numbers have risen drastically by now and are similar to the rest of the world.

To compound the financial woes many are facing, when the COVID-19 pandemic hit the world causing many businesses to close and leaving millions unemployed. For example, about 22 million Americans were unemployed during that crisis. Families whose loved ones were affected by COVID-19, not only suffered huge losses but also had high medical bills and final expenses to settle afterward.

My question is, with the current debt crisis and no savings or income coming in, how do people survive? How do they continue to live in spite of the hardships? Barely! Many families are desperately struggling with financial worries and anxieties. I can say this with certainty because I have helped many clients in those exact situations.

God does not want us to live like this. It is not His will for us to be drown in debt. Rather, He wants us to be debt-free.

"The thief comes only in order to steal and kill and destroy. I came that they may have and enjoy life, and have it in abundance [to the full, until it overflows]" (John 10:10, AMP).

"Now to him who is able to do immeasurably more than all we ask or imagine, according to his power that is at work within us" (Ephesians 3:20, NIV).

I quote, memorize, and declare the preceding verses out loud every single day. It is God's Word and His promises. Therefore, all of us should apply them to our lives daily. Making these declarations and keeping the Word of God in our hearts give us the abundant life God promised to those who believe.

You can enjoy life to the fullest and find financial freedom as well. So here are seven, simple, practical steps God showed me that will stop you and your family from struggling financially. You will gain hope and have a much better life with an amazing, new future ahead. God want us to thrive and live, not barely survive. He wants us to live with a purpose, not in defeat and lack.

"Study this Book of Instruction (Bible) continually. Meditate on it day and night so you will be sure to obey everything written in it. Only then will you prosper and succeed in all you do" **(Joshua 1:8, NLT).**

CHAPTER 1

GO TO WORK AND NOT BE LAZY

"Lazy people are soon poor; hard workers get rich" (Proverbs 10:4, NLT).

This is a very simple concept. However, I am stunned to have discovered from several clients over the years that so many of their children don't want to work. They want to reap benefits and be successful by inheritance. They want their parents and grandparents to work and give it to them. But God is very clear: if you want to achieve financial success and freedom for your family, you must go to work.

Do you know one thing all famous and extremely successful people in the world do regardless of their profession? They work very hard to achieve their financial wealth and status.

Most of my wealthy clients have worked extremely hard their entire lives and are very wise with their money and investments.

None of them just sat around and wished for financial freedom. They took action, worked, and invested in their future and children. Most of them will also leave an amazing legacy for their family and favorite charities.

On the other hand, I have met people with huge financial troubles but refuse to do anything about it. It is shameful. They want everything handed down to them or an easy way out. But we all know it will never happen for those who are lazy and just wishful.

Regardless of where you are at today, step out in faith and go to work. Despite what is going on in the world, get moving today. God will bless your work or business.

***"The earnings of the godly enhance their lives, but evil people squander their money on sin"* (Proverbs 10:16, NLT).**

***"Lazy people want much but get little, but those who work hard will prosper"* (Proverbs 13:4, NLT).**

I actually applaud and am so inspired by the single moms I have met and helped. They truly are heroes in my eyes. Moms who work 1-3 jobs to provide for their families are quite strong and determined to succeed. They work relentlessly and never give up, which is truly remarkable and should be greatly honored. I admire and respect them so much more than others. Their tenacity and positive attitudes are contagious regardless of their bad financial situations. Even though their financial troubles are real, they never stop taking action. They follow my advice to continue to work hard, tackle that debt step by step in faith, and trust God one day at a time to provide for them. God honors our efforts.

CHAPTER 2

GIVE GENEROUSLY AND HELP OTHERS FIRST

Teach those who are rich in this world not to be proud and to trust in their money, which is so unreliable. Their trust should be in God, who richly gives us all we need for our enjoyment. Tell them to use their money to do good. They should be rich in good works and generously to those in need, always being ready to share with others. (1 Timothy 6:17-18, NLT)

Giving is very important to God. I learned even before my career that giving comes from the heart. We must follow this principle and help those in need, not just from our abundance or overflow.

In the past, I thought when I worked, I had to take care of my bills and savings first then whatever was left over, I would give to help others and my family. At the time, I did not know any better. That is actually the way of the world and how it works with just common sense—so I thought. But then, I realized I always struggled with my finances, debt, medical bills, and work. This happened, especially when I was divorced with just one income instead of two. It made my life way more difficult to move ahead in my finances living in southern California at the time with an extremely high cost of living.

I knew God's Word but never really followed exactly what He said. Big mistake. That is why I'm writing this to help you avoid mistakes, change your current financial situation to thrive and move forward.

About 22 years ago, God made it crystal clear to me and taught me a critical lesson about giving to God and others. I learned they must come first, even before my needs.

"Honor the Lord with your wealth and with the best part of everything you produce. Then he will fill your barns with grain, and your vats will overflow with good wine" (Proverbs 3:9-10, NLT).

This challenged my greedy heart to become a better giver and a kinder person who truly cares for others first. It taught me not to live to fulfill my own selfish needs. Of course, this was not only about my finances but the time spent helping others as well. God wanted my obedience first before my sacrifice. When I shifted my thinking and acted differently, my life changed drastically. God's lesson to me on generosity was life-changing. I only follow His ways now.

Remember this: Whoever sows sparingly will also reap sparingly, and whoever sows generously will also reap generously. Each of you should give what you have decided in your heart to give, not reluctantly or under compulsion, for God loves a cheerful giver. And God is able to bless you abundantly, so that in all things at all times, having all that you need, you will abound in every good work. (2 Corinthians 9:6-8, NIV)

"Those who give to the poor will lack nothing, but those who close their eyes to them receive many curses" (Proverbs 28:27, NIV).

"Give freely and become more wealthy; be stingy and lose everything" (Proverbs 11:24, NLT).

CHAPTER 3

WAYS TO PAY OFF CONSUMER DEBT FASTER

"The Lord will send rain at the proper time from his rich treasury in the heavens and will bless all the work you do. You will lend to many nations, but you will never need to borrow from them" (Deuteronomy 28:12, NLT).

God will bless all of the work we do. His will is for us to never be borrowers but lenders. He does not want us to live in defeat every day with so much debt weighing us down we cannot even function. This creates enormous stress in our lives.

I have experienced that same stressful situation before and completely understand what you are going through. It caused me headaches and anxiety. I could not even sleep at night. I had no peace. Debt brings all of us down and impacts our families in horrific ways. It can cause emotional turmoil in spouses and is also one of the key reasons for divorce today.

"Don't agree to guarantee another person's debt or put up security for someone else. If you can't pay it, even your bed will be snatched from under you" (Proverbs 22:26-27, NLT).

"The wicked borrow and do not repay, but the righteous give generously" (Psalm 37:2, NIV).

That is why I'm determined and very passionate to help every family I come across to succeed in their finances. I want them to be able to get rid of all of their consumer debt first; then savings and investments will follow.

It is not an easy task, but I have all the steps to help you get there. However, you must desire to change your daily habits and lifestyle with hard work and patience. Nothing is impossible. It will be a temporary time of sacrifice on your part but trust me; it will all be worth it.

***"No discipline is enjoyable while it is happening, it's painful! But afterward there will be a peaceful harvest of right living for those who are trained in this way"* (Hebrews 12:11, NLT).**

I truly believe if you want to get your family back on track financially, you can do it. God will help and empower you to live the better, more abundant life He promised all. We can gain financial freedom and follow our dreams to accomplish anything because that is our heavenly Father's desire for us to live in perfect peace and not in anxiety.

***"Peace I leave with you; my peace I give you. I do not give to you as the world gives. Do not let your heart be troubled and do not be afraid"* (John 14:27, NIV).**

HERE ARE THE SIMPLE STEPS TO PAY OFF DEBT FASTER

- Start with a budget and track all of your income and expenses monthly. There are great apps on-line for budgets.

- List all of your consumer debt from the smallest first to the largest (credit cards, student loans, personal loans, car loans, medical bills debt, 401K loans, HELOC and mortgages)

- Set realistic goals for each and a time frame for completion. This is a great way to stay focused and motivated.

- Depending on the amount left over from your budget, make just minimum payments on all debts to stay current. Then tackle the smallest debt first and even double the payments to pay it off right away.

- Repeat this process and go onto the next debt. Remember to celebrate every goal you achieve regardless of how large or small. That way, it will keep you motivated and moving forward.

- Think outside the box and be creative as well, if you need to get a temporary (short term) second job or a side gig to pay your debt off sooner, then just do it.

- Try to create more income by selling some of your unused items in your garage or your storage unit.

Do not be surprised at how much money you can make. That is exactly what I did to help me pay down my debt. When I was downsizing, moving from a house to an apartment, I gave away and donated furniture to friends who needed it most first. Then, I had a garage sale for the rest of my stuff. I made about $1400.

My friend was selling new and used items online, so I cleared out my closet and gave her all of my unused handbags, shoes, and jewelry to help me sell. We made several thousand dollars (approximately $3200).

I used those funds to pay down my debt at the time

Another way to cut down your expenses and to save some more money toward your debt is by using alternative online streaming TV services instead of cable or Dish TV. Nowadays, there are many free TV streaming online services or very low subscription channels for your family to enjoy without increasing your monthly budget drastically.

I did that exact thing. I switched from Dish to two online streaming TV services and saved about $100 every month. If you do the math that is about $1200 a year, which can go toward paying off debt or savings.

I'm not suggesting anything I have not accomplished in my life personally. These are a few proven ideas I have used to help many of my financial clients to achieve their goals.

CHAPTER 4

SAVE FOR EMERGENCIES

"On the first day of every week, each one of you should set aside a sum of money in keeping with your income, saving it up, so that when I come no collections will have to be made" **(1 Corinthians 16:2, NIV).**

This is a concept I know we all struggle with—including me. For a period of time in my life, I did not have any money in savings for emergencies.

Yes, I had money in savings for retirement but not actually liquid funds to use for "just in case." I was part of the statistic that 78% of Americans live from paycheck to paycheck. That was me, especially after my divorce when I only had one income. I did not even think about emergency money then. But I embrace it now.

Also, according to Board of governors of the Federal Reserve System, American savings statistics for 2024, 55% of adults said they had set aside about 3 months of expenses in emergency savings. However, nearly 70%   of Americans have less than $1000 stashed away in their bank accounts. That number rose from 59% since 2021.

These figures may be the result of the devastating effect of the COVID-19 pandemic, which hit everyone hard around the world. Several businesses in many states were closed. Millions of people are were unemployed as a result.

That pandemic was a perfect example of why saving money for emergencies is so important now, more than ever. That "rainy day" fund can help you get back on track. However, if you don't have the emergency money, you may end up in more debt and dig a bigger hole you can't climb out of.

Imagine if your family has no debt and emergency savings of 6 months to 1 year. Even if you lose your job for a period of time, you will still be fine. Regardless of the pandemic, bad economy, job loss or anything else that may happen, you will be okay.

Many clients who struggle financially have mountains of debt and very little savings or sometimes no savings at all.

How to Build Your Emergency Fund

Start by putting aside between $2500-$5000 to your savings first for emergencies: repairs, maintenance, new tires for your car, an emergency visit to the hospital, etc. You will have the co-pay funds or any deductible amounts due from your insurance ready and available.

You will not have to charge these expenses to your credit card or borrow money that will put you in more debt.

The best way to do this is to setup on auto deposit from your checking account directly to your savings every time you get paid. Set up a recurring direct deposit for an amount you are comfortable with after giving and paying toward your current debt.

Once you reach about $5000, continue until you have about 6 months to 1 year of your current living expenses covered.

Visualize your family is completely debt-free including all mortgages paid off. You have plenty of savings in your account. This does not include retirement savings yet. This will be discussed in the next chapter. It will be amazing! You can take time off to travel with your family for more than just 2 weeks or stay home for a short period of time to help take care of your elderly parents. If you actually get laid off from work, like what happened during the pandemic when about 22 million people lost their jobs and collected unemployment, you can actually go through that with peace because you have no financial burdens or concerns.

That is God's financial plan for all of our lives. He wants us to live in financial freedom and continue to thrive so we can give to help others even more.

The Bible has over 2300 verses on money, possessions, stewardship, and finance alone. God knew how important money is and that it affects all of us. Hence, He gave us detailed instructions on how to live and apply sound financial principles daily to be successful and not live in deficit and lack.

I only gave you a few verses about money and finances in the Bible but there are many more. So these simple steps I outlined are what God taught me to take throughout the years. I had to apply His instructions to my life, not only read and understand them. That way, I would not only help myself succeed and achieve financial freedom, but I could help my family and others do the same.

"Dishonest money dwindles away, but whomever gathers money little by little makes it grow" (Proverbs 13:11, NIV).

CHAPTER 5

INVEST TO BUILD LONG TERM WEALTH

"Send your grain across the seas, and in time, profits will flow back to you. But divide your investments among many places, for you do not know what risks might lie ahead" **(Ecclesiastes 11:1-2, NLT).**

As a financial coach and advisor, I come across many wealthy (1-9 million of assets) clients and extremely wealthy clients with very high net worth (between 10-100 million of assets) throughout my years of serving them and working with them.

They all have one thing in common: a deep focus on how to invest and grow their hard-earned money. They do not only concentrate on saving for their retirement but to actually build long-term wealth. The goal is to leave a legacy of huge trust funds or real estate properties and businesses for their children and grandchildren. Another common denominator in all of them is their financial wisdom and desire to save money first and spend later. They are also extremely generous givers to various non-profit charities.

These clients have paid off all of their debts, including their mortgages and have liquid savings to use for everything they need. Hence, they can invest so much more into their future, children, and grandchildren.

"Wealth is a crown for the wise; the effort of fools yields only foolishness" (Proverbs 14:24, NLT).

"A good person leaves an inheritance for their children's children, but as sinner's wealth is stored up for the righteous" (Proverbs 13:22, NIV).

God wants us to ultimately reach the place where we can attain financial freedom, build wealth, and leave legacies.

Recall the parable of the talents (Mathew 25:14-30) when God praised the two men who took what their master gave them, invested it and got returns, even double their initial investment. However, the man who refused to invest what the master gave him but hid it was not praised. Even though he did not lose his initial investment, he was actually cursed and cast away.

This message is very clear that whatever gifts, talents, careers, and finances God has given to each one of us, must be able to use it in a way that they multiply and are fruitful. In other words, we must save and invest for our families, not hide our talents and do nothing.

It is also not how much money we can make but how much of what we make we can save and invest to become wealthy.

This is what I learned from my extremely wealthy clients.

The millionaire clients I have met and worked with did not always have money. They worked very hard and invested quite early in their lives. They relentlessly saved, invested at a young age and spent wisely, even with average incomes.

They did not just get rich overnight but were very consistent in working, paying off debt early, saving, and investing, so they became extremely wealthy over time and maintained that wealth.

Becoming rich is just a short-term achievement anyone can get, but it can also fade in an instant if you are not wise with your money. Becoming wealthy, being able to maintain that wealth long-term, living abundantly with true financial freedom, and leaving a legacy with inheritances are way more rewarding.

"Wealth from get-rich-quick schemes quickly disappears; wealth from hard work grows over time" (Proverbs 13:11, NLT).

I will not delve into the specific details of investment strategies in this chapter and how it all works because it can be very complicated to understand. But I want to simplify the basic information for you to grasp for now.

I will describe a few available and different types of investments in general. However, many strategy vehicles are available to invest in for all types of financial situations.

Many of my clients who are very heavily into real estate investments alone with just commercial and residential properties, do not have much liquidity. However, there are also those who have enormous portfolios of stocks, bonds, and mutual funds spreading out evenly.

There are also, gold, silver, oil and even newer alternative investments like crypto currency, which can be very volatile. The S&P 500 and NASDAQ are popular as well.

A few tax-free investment strategies are also available for the wealthy clients to use to pass on wealth to their children.

My only advice here about investments is to make sure your entire financial portfolio is truly diversified. "Do not put all of your eggs in one basket" is the mentality I am getting at (refer to Ecclesiastes 11:1-2, NLT from above). A lot depends on your current financial situation, your risk tolerance level, and what works best for your family. Everyone is different. Your current life stage will also dictate the very best options for you.

After reading this far about working, giving, paying off debt, and saving, the next step is investing if you have not started that already. I strongly recommend it ASAP regardless of your age. Start today for a secure and prosperous financial future.

Open an IRA account (traditional IRA – pre-tax/qualified funds) or Roth IRA (after tax/non-qualified funds) and start contributing toward your retirement savings. If you are an employee of a company that offers 401k, please join the plan and contribute right away so you can obtain the matching earnings. Today, most companies offer between 3% – 6%. If you are a government or non-profit employee, join the 403b retirement plan they offer.

This will be the first part of your retirement financial planning. When you reach your retirement age, you can turn to those retirement accounts to get a life-time income or something like a pension plan for the rest of your life.

With this, you will not have to rely just on Social Security funds to survive during your retirement or non-earning income years. This step is crucial for building long-term wealth and being able to achieve financial freedom and success for your entire family.

"The wise have wealth and luxury, but fools spend whatever they get" **(Proverbs 21:20, NLT).**

"Good planning and hard work lead to prosperity, but hasty shortcuts lead to poverty" **(Proverbs 21:5, NLT).**

CHAPTER 6

ENJOY AND SPEND FREELY WITHOUT FINANCIAL BURDENS

Even so, I have noticed one thing, at least, that is good. It is good for people to eat, drink, and enjoy their work under the sun during the short life God has given them, and to accept their lot in life. And it is a good thing to receive wealth from God and the good health to enjoy it. To enjoy your work and accept your lot in life, this is indeed a gift from God. God keeps such people so busy enjoying life that they take no time to brood over the past. (Ecclesiastes 5: 18-20, NLT)

God definitely wants to bless our work and lives, give us good health and wealth, as well as the ability to enjoy it all. According to Solomon, who wrote the book of Ecclesiastes, all our gifts come from God, our heavenly Father.

So if you have already accomplished most of the practical steps I wrote prior, please go out and enjoy yourself. But do so wisely.

It is all about balance. The issue most people have financially is when they spend too much first, get themselves into debt with no way out— and to make matters worse, have no savings. This is completely opposite of how God teaches us to live. It's actually the world's way of living, not God's. His will is for us to live in financial freedom and peace.

CHAPTER 7

PRAY CONSISTENTLY TO LIVE AND REMAIN IN FINANCIAL FREEDOM

"Don't worry about anything; instead pray about everything. Tell God what you need, and thank him for all he has done. Then you will experience God's peace, which exceeds anything we can understand. His peace will guard your hearts and minds as you live in Christ Jesus" (Philippians 4:6-7, NLT).

Prayer is a very important part of our lives. I pray consistently about everything and always ask God to help me to guide my clients wisely. I also ask Him to help me understand their financial needs and goals to serve them well.

I ask God to help me suggest the very best strategies or investments that will fit their current financial situations at whatever life stages they are in now. I use prayer daily to be successful in my business.

Remember to rely on God to help you in all you do. If you are trying to pay off debt early, ask God for ways to increase your income or reduce your expenses so you can see results quickly. If you are saving or investing toward your retirement, pray God will give you favor and protect your investments. If you spend, ask God to help you spend wisely and find deals and discounts to save your money. I found that in the years of my practice, everyone wants to save money, regardless of how wealthy the person is.

NEXT STEP AND TAKE ACTION WITH CLOSING COMMENTS

"Don't copy the behavior and customs of this world, but let God transform you into a new person by changing the way you think. Then you will learn to know God's will for you, which is good and pleasing and perfect" **(Romans 12:2, NLT).**

Thank you for purchasing this book. I'm very proud of you for wanting to learn and change your current financial situation regardless of where you are today, so you can gain a better future for your family.

Now you have stepped out in faith to buy and read this book, my hope and prayers are you will act today.

Start with something small and take it one day at a time so you will not get overwhelmed and quit.

Your success is very important to me and I'm sure it is also important to God. I want you to thrive and achieve your dreams and financial goals.

If you want additional information or have questions for me relating to your current financial situation, I'm available for one-on-one personal zoom coaching sessions. I also help many business owners with their own bookkeeping needs for their businesses as well. Here is my email and website below.
kimmaiskidmore@gmail.com
www.Ephesians320.coach

I'm happy to serve.

"For I know the plans I have for you," declares the Lord" plans to prosper you and not to harm you, plans to give you hope and a future" (Jeremiah 29:11, NIV).

Here are my final thoughts:

God wants you to succeed and prosper, so stay diligent and focused until you achieve your goals.

I live by four basic principles that have helped me to stay motivated. They have empowered me to rise to a much higher level and gain financial freedom and peace. If you consistently apply these same principles to your life you will achieve similar success.

1. Work hard

2. Serve God/Help People

3. Dream big

4. Never give up

"For I can do everything through Christ, who gives me strength" **(Philippians 4:13, NLT).**

"Have I not commanded you? Be strong and courageous. Do not be afraid; do not be discouraged, for the Lord your God will

be with you wherever you go" (Joshua 1:9, NIV).

ABOUT THE AUTHOR

Kim Mai Skidmore is a Christian believer and follower of Jesus Christ currently in the finance industry and business owner/founder of Skidmore Bookkeeping Firm. As a Christian Finance Entrepreneur, her career as a financial advisor professional began in 2016 working for a small financial firm in Newport Beach southern California.

She was also certified as a financial coach with Ramsey's Solutions in 2020 until today. Her passion now is to help more people thrive and advance in their own finances to gain financial freedom using Biblical God's principles. That is why she wrote this book to help people here in the USA and globally to succeed in their own finances for their family and to live that lifestyle of true freedom God's way.

She resides now in northern California in the Bay Area with her family and managing her Financial Coaching Business to serve and consult with business owners. She has helped many families with their personal finances as well through coaching and setting up their wealth building strategies to leave legacies for their children. She belong to Christian Entrepreneur's Club to share God's vision and mission to succeed in the business marketplace with collaboration and mentorship of approximately 600 plus business owners. She is also serving and volunteering in her local community Christian church at Echo Church of north San Jose campus in the Bay Area of Silicon Valley California.

LOS PRINCIPIOS DE DIOS

CÓMO VIVIR SIN DEUDAS Y ALCANZAR LA LIBERTAD FINANCIERA

KIM MAI SKIDMORE

CONTENIDO

DEDICACION A DIOS Y UNA PALABRA AL LECTOR

*"Acción de gracias y oración
del apóstol Pablo"*

"Doy gracias a mi Dios cada vez que me acuerdo de ustedes. En todas mis oraciones por todos ustedes, siempre oro con alegría, porque han participado en el evangelio desde el primer día hasta ahora. Estoy convencido de esto: el que comenzó tan buena obra en ustedes la irá perfeccionando hasta el día de Cristo Jesús."

Filipenses 1:3-6 NVI

Querido lector:

Esta es la obra que Dios me inspiró y guio a escribir a todos los cristianos del mundo.

Hay millones de personas actualmente en nuestro país y alrededor del mundo que están batallando financieramente.

Escribí este libro, teniéndolos a todos ustedes en mi mente, para hacerles saber y recordarles, los principios de Dios.

Su voluntad para todos nosotros, es que vivamos y gocemos la vida abundante al máximo.

También, seremos capaces de progresar e ir mas allá de lo que pedimos o imaginamos.

Los tengo a todos ustedes en mis pensamientos y oraciones; y también a todos aquellos de ustedes que leerán este libro.

Después de haberlo leído, ruego a Dios que desearás cambiar tu estilo de vida y actuar inmediatamente, hoy, y decidir seguir a Dios.

De tal forma que tendrás victoria sobre tus finanzas y tendrás verdadera paz y libertad financiera.

Sierva de Cristo,
Kim Mai Skidmore

INTRODUCCIÓN

"Y él dijo: Antes bienaventurados los que oyen la palabra de Dios, y la guardan. Lucas 11:28 (RVR1960)

Como una entrenadora y consejera financiera, ya por seis años, estoy emocionada de compartir dos lecciones importantes de vida y finanzas que aprendí de Dios:

1. Como seguir Sus caminos

2. Como vivir libre de deudas y ganar paz y libertad.

Las deudas son un gran problema que todos tenemos. Pero podemos derribarlas, siguiendo los principios de Dios, y entendiendo el concepto de vivir libre de deudas sin ninguna carga financiera.

De acuerdo con los datos del Experian Credit Bureau del 2019, la familia americana promedio tenia cerca de $90,460 dólares en deudas del consumidor y aproximadamente el 78% de la gente vive de cheque a cheque. Estoy segura que esos números se han incrementado drásticamente ahora. Estos números son similares en el resto del mundo.

Para agravar los problemas financieros a los que muchos ya se enfrentan, la pandemia del COVID-19 golpeó al mundo, haciendo que muchos negocios cerraran y dejaran millones de desempleados. Por ejemplo, cerca de 22 millones de americanos están desempleados. Familias en las que sus seres queridos fueron afectados por el COVID-19, no solo sufrieron una gran pérdida, sino que también tuvieron altas cuentas medicas y gastos finales para liquidar después.

Mi pregunta es, con la actual crisis de deuda, sin ahorros o ingresos, ¿como sobrevive la gente? ¿Como continúan viviendo a pesar de las dificultades? Apenas. Muchas familias están desesperadas luchando contra sus preocupaciones financieras y ansiedades.

Puedo decir esto con certeza, porque he ayudado a muchos clientes en éstas mismas situaciones.

Dios no quiere que vivamos así. No es Su voluntad para nosotros el que nos ahoguemos en nuestras deudas. En vez de eso, Él quiere que seamos libres de deudas.

"El ladrón no viene sino para hurtar, matar y destruir. Yo he venido para que tengan vida y la tengan en abundancia" *(plena, hasta que rebalse)* **San Juan 10:10 RVR1960**

"Y a Aquel que es poderoso para hacer todas las cosas mucho mas abundantemente de lo que pedimos o entendemos, según el poder que actúa en nosotros," Efesios 3:20 RVR1960

"Mi Dios, pues, suplirá todo lo que os falta conforme a sus riquezas en gloria en Cristo Jesús." Filipenses 4:19 RVR1960

Yo cito, memorizo y declaro los versículos anteriores en voz alta cada día. Es la palabra de Dios y Sus promesas. Por lo tanto, todos nosotros deberíamos aplicarlos diariamente a nuestras vidas. Haciendo estas declaraciones y guardando la Palabra de Dios en nuestros corazones nos da la vida abundante que Dios prometió a los que creen.

Tu puedes disfrutar de la vida al máximo y la libertad financiera también. Así que, aquí están siete pasos sencillos y prácticos, que Dios me mostró que te frenarán a ti y tu familia de batallar financieramente. Ganarás esperanza y tendrás una vida mucho mejor, con un sorprendente futuro por delante. Dios quiere que progresemos y vivamos, no solo que apenas sobrevivamos. Él quiere que vivamos con un propósito, no en derrota y escasez.

"Nunca se apartará de tu boca este libro de la ley, sino que de día y de noche meditaras en él, para que guardes y hagas conforme a todo lo que en él esta escrito; porque entonces harás prosperar tu camino, y todo te saldrá bien." **Josué 1:8 RVR1960**

CAPÍTULO 1

SAL A TRABAJAR Y NO SEAS HOLGAZÁN

"La mano negligente empobrece; mas la mano de los diligentes enriquece. (Prov. 10:4) RVR1960

Este es un concepto muy sencillo. Sin embargo, estoy asombrada al haber descubierto entre varios de mis clientes, que sus hijos no quieren trabajar. Ellos quieren cosechar los beneficios y ser exitosos por herencia. Ellos quieren que sus padres y abuelos trabajen y se los regalen a ellos. Pero Dios es muy claro: si quieres lograr éxito financiero y libertad para tu familia, debes salir a trabajar.

Sabes una cosa que todos los famosos y extremadamente exitosos del mundo hacen en relación a su profesión? Ellos trabajan duro para lograr su estatus de riqueza financiera. Muchos de mis clientes ricos han trabajado extremadamente duro todas sus vidas y son muy sabios con su dinero e inversiones.

Ninguno de ellos solo se sentó y deseó libertad financiera. Tomaron acción, trabajaron, e invirtieron en su futuro y sus hijos. La mayoría de ellos también dejarán un sorprendente legado para su familia y caridades preferidas.

Por otro lado, he conocido a personas con inmensos problemas financieros que se rehúsan a hacer algo por ello. Es vergonzoso. Ellos quieren que todo se les dé en las manos o que se les enseñe una manera fácil para salir de allí. Pero todos sabemos que eso no va a suceder para aquellos que son haraganes y todo lo que tienen es una ilusión.

Independientemente de donde te encuentras hoy, da un paso de fe y ve a trabajar. A pesar de lo que está pasando en el mundo, empieza a moverte hoy. Dios bendecirá tu trabajo o negocio.

"El salario del justo es la vida; la ganancia del malvado es el pecado." Prov. 10:16 NVI

"El que desea tener sin trabajar, al final no consigue nada; ¡trabaja, y todo lo tendrás! Prov. 13:4 TLA

Yo aplaudo, y estoy tan animada por las madres solteras que he conocido y ayudado. Ellas son las verdaderas heroínas para mis ojos. Madres que tienen de uno a tres trabajos para proveerle a sus familias, son muy fuertes y tienen la determinación para obtener resultados. Trabajan implacablemente y nunca se dan por vencidas, esto es notable y debería ser grandemente honrado. Yo las admiro y respeto tanto mas que a otros. Su tenacidad y actitud positiva son contagiosas, independientemente de su mala situación financiera. Aunque sus problemas financieros son reales, nunca paran de tomar acción. Siguen mi consejo de continuar trabajando duro, derribando esa deuda paso a paso en fe, y confiando que un día a la vez, Dios proveerá para ellos. Dios honra nuestros esfuerzos.

CAPÍTULO 2

DA GENEROSAMENTE Y AYUDA A OTROS PRIMERO

"A los ricos de este mundo, mándales que no sean arrogantes ni pongan su esperanza en las riquezas, que son tan inseguras, sino en Dios, que nos provee de todo en abundancia para que lo disfrutemos. Mándales que hagan el bien, que sean ricos en buenas obras, y generosos, dispuestos a compartir lo que tienen." **1ª Timoteo 6:17-18 NVI**

Dar es muy importante para Dios. Aprendí, aun antes de mi carrera, que dar viene del corazón. Debemos seguir este principio y ayudar a aquellos en necesidad, no solo de nuestra abundancia o de lo que rebalsa.

En el pasado, yo pensaba, cuando trabajaba, que yo tenia que pagar mis cuentas y ahorrar primero y después de lo que me sobraba, yo podría ayudar a otros y a mi familia. En ese entonces, no sabía nada mejor. Esa es la manera del mundo, y como funciona solo con el sentido común – así pensaba. Pero entonces, me di cuenta que siempre batallaba con mis finanzas, deudas, cuentas médicas y trabajo. Esto sucedió, especialmente cuando me divorcié y era solo un ingreso en vez de dos. Mi vida se volvió mas difícil con mis finanzas, al cambiarme de casa, viviendo en la parte sur de California con un alto costo de vida.

Yo sabía la palabra de Dios, pero en verdad nunca la había seguido exactamente como Él decía. ¡Eso fue un gran error! Esa es la razón por la que estoy escribiendo esto, para ayudarte a evitar errores, cambiar tus hábitos y conductas hacia tu actual situación financiera, y desarrollar una nueva mentalidad, para progresar y seguir hacia adelante.

Hace casi 12 años, Dios lo hizo claro para mi y me enseñó una lección crítica acerca de dándole a Dios y a otros. Aprendí que ellos deben ser primeros, aún antes que mis necesidades.

"Honra al Señor con tus riquezas y con los primeros frutos de tus cosechas. Así tus graneros se llenarán a reventar y tus bodegas rebosarán de vino nuevo." **Proverbios 3:9-10 NVI**

Esto desafió mi corazón codicioso a convertirme en una mejor donante y una persona mas bondadosa, que en verdad cuida primero de los demás. Me enseñó a no vivir para satisfacer mis propias necesidades egoístas. Por supuesto, esto no era solo en relación a mis finanzas sino también al tiempo que dedicaba a ayudar a otros. Dios quería mi obediencia primero antes que mi sacrificio. Cuando cambié mi mentalidad y actué diferente, mi vida cambio drásticamente. Las lecciones de Dios para mi en relación a la generosidad fueron cambia-vida. Yo solo sigo Sus caminos.

"Recuerden esto: el que siembra escasamente, escasamente cosechará, y el que siembra en abundancia, en abundancia cosechará. Cada uno debe dar según lo que haya decidido en su corazón, no de mala gana ni por obligación, porque Dios ama al que da con alegría. Y Dios puede hacer que toda gracia abunde para ustedes, de manera que siempre, en toda circunstancia, tengan todo lo necesario, y toda buena obra abunde en ustedes." 1ª Corintios 9:6-8 NVI

"El que ayuda al pobre no conocerá la pobreza; el que le niega su ayuda será maldecido." Proverbios 28:27 NVI

"Unos dan a manos llenas, y reciben mas de lo que dan; otros ni sus deudas pagan, y acaban en la miseria." Proverbios 11:24 NVI

CAPÍTULO 3

MANERAS DE PAGAR DEUDAS MAS RÁPIDAMENTE

"El Señor abrirá los cielos, su generoso tesoro, para derramar a su debido tiempo la lluvia sobre la tierra, y para bendecir todo el trabajo de tus manos. Tu les prestarás a muchas naciones, pero no tomarás prestado de nadie." Deuteronomio 28:12 NVI

Dios bendecirá todo el trabajo que hacemos. Su voluntad para nosotros es que nunca seamos deudores, sino que demos en préstamo. Él no quiere que vivamos en derrota cada día con tanto peso de deuda, que ni siquiera podemos funcionar. Esto crea un gran estrés en nuestras vidas.

Yo he experimentado esa misma situación estresante anteriormente, y entiendo completamente por lo que están pasando. Me dio dolores de cabeza y ansiedad. Ni siquiera podía dormir en la noche. No tenia paz. Las deudas nos desmoronan e impactan nuestras familias de maneras horribles. Puede causar perturbación emocional en esposos y es también una de las causales claves para los divorcios actuales.

"No te comprometas por otros ni salgas fiador de deudas ajenas; porque, si no tienes con que pagar, te quitarán hasta la cama en que duermes." Proverbios 22:26-27 NVI

"Los malvados piden prestado y no pagan, pero los justos dan con generosidad. Salmos 37:21 NVI

Es por esto que soy tan decidida, y muy apasionada, para ayudar a cada familia con la que me cruzo para que tengan finanzas exitosas. Primero, quiero que sean capaces de deshacerse de todas sus deudas; y después los ahorros e inversiones le seguirán.

No es una tarea fácil, pero tengo todos los pasos para ayudarte a llegar allí. Sin embargo, debes tener un deseo de cambiar tus hábitos diarios y estilo de vida con trabajo duro y paciencia. Nada es imposible. Será solo un tiempo temporal de sacrificio de tu parte, pero confía en mi; todo valdrá la pena.

"Al momento, ninguna disciplina parece ser causa de gozo sino de tristeza; pero después da fruto apacible de justicia a los que por medio de ella han sido ejercitados."
VRVA 2015

Creo sinceramente que, si quieres que tu familia regrese a la estabilidad financiera, puedes hacerlo. Dios te ayudará y te dará el poder para vivir mejor, una vida mas abundante que prometió para todos. Podemos ganar libertad financiera y seguir nuestros sueños para lograr cualquier cosa, porque este es el deseo de nuestro Padre Celestial: que vivamos en perfecta paz y no en ansiedad.

"La paz les dejo, mi paz les doy. No como el mundo la da yo se las doy a ustedes. No se turbe su corazón ni tenga miedo."
Juan 14:27 VRVA 2015

AQUÍ TE PRESENTO LOS PASOS SENCILLOS PARA SALIR DE LAS DEUDAS MAS RÁPIDAMENTE

- Empieza con un presupuesto y registra todos tus ingresos y gastos mensuales. Hay muchas "aplicaciones" en línea para presupuestos.

- Enlista todas tus deudas desde la mas pequeña de primero hasta la mas grande (tarjetas de crédito, préstamos de estudiante, préstamos personales, préstamos para vehículos, cuentas médicas, préstamos al 401K e hipotecas)

- Establece metas realistas para cada deuda y un marco de tiempo para completarla. Esta es una gran manera para permanecer enfocado y motivado.

- Dependiendo de la cantidad que te sobra en tu presupuesto, haz solo pagos mínimos en todas las deudas para permanecer solvente. Ahora ataca la deuda mas pequeña primero y paga el doble de esa cuenta para pagarla lo mas pronto posible.

- Repite este proceso y ve a la próxima deuda. Recuerda celebrar cada meta que alcances sin importarte que tan grande o pequeña era esa deuda. De esa manera, te mantendrás motivado y moviéndote hacia adelante.

- Piensa de forma original y se también creativo, si necesitas tener un segundo trabajo temporal (corto plazo) o un ingreso lateral para pagar tu deuda mas rápido, entonces hazlo.

- Trata de crear mas ingresos al vender algunos de tus aparatos que no usas que están en tu garaje o en la bodega.

No te sorprendas de cuanto dinero puedes obtener vendiendo algunas cosas. Eso es lo que yo hice exactamente para ayudarme a pagar mi deuda. Cuando me estaba reduciendo, mudarme de una casa a un apartamento, yo regalé y doné muebles a amigos que los necesitaban mas. Después, hice una venta de garaje con el resto de mis cosas. Le saqué cerca de $1,400 dólares.

Mi amiga estaba vendiendo cosas nuevas y usadas en línea, así que vacié mis closets y le di todos mis bolsos que no usaba, zapatos y también joyería. Vendimos varios miles de dólares ($3200 aproximadamente). Use esos fundos para amortizar mi deuda de ese entonces.

Otra manera de cortar gastos y ahorrar algo de dinero para pagar la deuda es usar servicios de TV en línea, o suscripción a canales de bajo costo, para que la familia pueda gozarse sin aumentar el presupuesto mensual básico.

Eso exactamente es lo que hice: me cambie de TV satelital a dos servicios de TV en línea y ahorre cerca de $100 cada mes. Si haces las matemáticas eso es cerca de $1200 al año, que puede ir a seguir pagando la deuda o a la cuenta de ahorros.

No estoy sugiriendo nada que no haya hecho en mi propia vida. Estas son unas pocas ideas comprobadas que he usado, para ayudar en las finanzas de mis clientes, a lograr sus metas.

CAPÍTULO 4

AHORRA PARA EMERGENCIAS

"En el primer día de la semana, cada uno de ustedes guarde algo en su casa, atesorando en proporción a como esté prosperando, para que cuando yo llegue no haya entonces que levantar ofrendas."
1ª Corintios 16:2 RVR2015

Este es un concepto con el que todos batallamos, incluida yo. Por un período en mi vida, yo no tenia ningún dinero en ahorros para emergencias.

Si, tenia dinero en ahorros para mi jubilación, pero no fondos líquidos para usar "cuando se diera la ocasión". Yo era parte de la estadística del 78% de americanos que viven de cheque a cheque. Esa era yo, especialmente después de mi divorcio, cuando todo lo que tenia era un solo ingreso. En ese entonces ni siquiera pensaba en dinero para emergencias. Pero ahora lo abrazo.

También, de acuerdo a CNBC articulo de noticias: "Las estadísticas de ahorro entre americanos en el 2020 muestra que cerca del 70% de americanos tienen menos de $1000 apartados en sus cuentas bancarias. Ese numero subió al 58% desde el 2018."

Estas cantidades puede que sean el resultado del efecto devastador de la pandemia con COVID-19, que ha golpeado fuerte en todo el mundo. Varios negocios en muchos estados fueron cerrados. Millones de personas aun están desempleados como resultado de la pandemia.

Este efecto de la pandemia, es un ejemplo perfecto de porque el ahorrar dinero para emergencias es tan importante ahora, mas que nunca. Ese fondo "para tormentas" puede ayudarte a regresar a tu camino. Sin embargo, si no tienes ese dinero para emergencias, puede que termines en más deudas y cavando un hoyo mas profundo del que no puedas salir.

Imagina si tu familia no tuviera deudas y contara con ahorros de emergencia para 6 meses hasta 1 año. Aun si perdieras tu trabajo por un período de tiempo, aun estarías bien. A pesar de la pandemia, la mala economía o cualquier cosa que pueda pasarte, estarás bien.

Muchos clientes que batallan financieramente tienen montañas de deudas y muy pocos ahorros y algunas veces nada de ahorro.

Como construir tu fondo para emergencias

Aparta entre $1500-$2000 en tus ahorros para emergencias: reparaciones, mantenimiento, llantas nuevas para tu carro, una visita de emergencia al hospital, etc. Tendrás para pagar el co-pago o cualquier deducible de tu seguro, lo tendrás listo y disponible.

No tendrás que cargar estos gastos a tu tarjeta de crédito o prestar dinero que te pondrá en más deuda. La mejor manera de hacer esto es establecer un deposito directo de tu cuenta de cheques a la de ahorros cada vez que te paguen. Establece el deposito directo con una cantidad que te sientas bien después de haber ayudado y pagado tus deudas.

Una vez que llegues a cerca de $2,000, continua así hasta que tengas aproximadamente de 6 meses a 1 año de tus gastos de vida cubiertos.

Visualiza a tu familia que está completamente libre de deudas, y hasta todas las hipotecas están pagadas. Tienes suficiente ahorrado en tus cuentas. Esto no incluye tus ahorros para la jubilación. Esto lo discutiremos en el próximo capítulo. Sera sorprendente! Podrás tomar vacaciones con tu familia para viajar por más de dos semanas o quedarte en casa por un período corto de tiempo para darle una mano a tus ancianos padres. Si te toca que te despidan de tu trabajo, como lo que sucedió en la pandemia, cuando cerca de 22 millones de personas perdieron sus empleos y recibieron dinero por desempleo, tu en realidad podrías pasar por eso con paz, porque no tienes cargas financieras o desasosiegos.

Ese es el plan financiero de Dios para todas nuestras vidas. Él desea que vivamos en libertad financiera y continuemos progresando de tal manera que podamos dar para ayudar a otros aun mas.

La biblia tiene mas de 2300 versículos sobre el dinero, posesiones y finanzas. Dios sabía cuán importante es el dinero y que nos afecta a todos nosotros. De allí que, Él nos dio instrucciones detalladas en como vivir y aplicar principios financieros sanos diariamente para ser exitoso y no vivir con déficit y escases.

Solo te di unos pocos versículos que tratan sobre dinero y finanzas en la biblia, pero hay muchos mas. Así que estos pasos sencillos que he bosquejado, son lo que Dios me enseño, que tomara a través de los años. Tuve que aplicar Sus instrucciones a mi vida, no solamente leerlos y entenderlos. De esa manera, no solo me ayudaría a mi mismo a ser exitoso y lograr libertad financiera, sino que podría ayudar a mi familia y a otros a hacer lo mismo.

"Lo que fácilmente se gana, fácilmente se acaba; ahorra poco a poco, y un día serás rico." **Proverbios 13:11 TLA**

CAPÍTULO 5

INVIERTE PARA CONSTRUIR RIQUEZA A LARGO PLAZO

"A dondequiera que vayas, haz el bien, que después de un tiempo el bien que hagas te será devuelto. Invierte lo que tienes en diferentes negocios, porque no se sabe las calamidades que pueden suceder en esta vida." Eclesiastés 11: 1-2 PDT

Como una coach financiera y consejera, me cruzo con muchos clientes ricos (con un activo de 1 a 9 millones) y con clientes extremadamente ricos (con activos entre 10 – 80 millones). Ellos tienen una cosa en común: un profundo enfoque en como invertir, y hacer crecer su dinero que ha sido ganado trabajando duramente. Ellos no solo se concentran en ahorros para su jubilación, sino que en verdad crean riqueza a largo plazo. Su meta es dejar un legado de un gran Fondo fiduciario o propiedades y negocios para todos sus hijos y nietos. Otro común denominador en todos ellos es su sabiduría financiera y deseo de ahorrar dinero primero y gastar después. Ellos también donan generosamente a varias caridades sin fines de lucro.

Estos clientes han pagado todas sus deudas, incluyendo sus hipotecas y tienen ahorros en líquido para usarlos en todo lo que necesiten. Así que, pueden invertir mucho más en su futuro, sus niños y nietos.

"La corona de los sabios es su riqueza, mas la necedad de los necios es insensatez." **Proverbios 14:24 LBLA**

"El hombre honrado deja herencia a sus nietos, pero la riqueza de los pecadores esta reservada para el justo." **Proverbios 13:22 PDT**

Dios quiere que alcancemos el nivel donde podemos tener libertad financiera, construir riqueza y dejar un legado. Acuérdate de la parábola de los talentos (Mateo 25:14-30) cuando Dios alabó a los dos hombres que tomaron lo que su amo les dio, lo invirtieron y obtuvieron ganancia, y hasta el doble de su inversión inicial. Sin embargo, el hombre que rehusó invertir lo que su amo le dio, sino que lo escondió, no fue alabado. Aunque él no perdió su inversión inicial, de hecho, fue maldecido y echado fuera.

Este mensaje es muy claro, de que cualquier don, talento, carrera y finanzas que Dios nos ha dado a cada uno de nosotros, debe ser usado en una manera tal que se multiplique y sea fructífero. En otras palabras, debemos ahorrar e invertir para nuestras familias, no esconder nuestros talentos o no hacer nada. Sino usarlo para ayudar a otros y servir a Dios. Todo lo que hacemos es solo para Su Gloria.

No se trata de cuanto dinero puedas ganar sino cuanto de lo que ganas puedes ahorrar e invertir para volverte rico. Esto es lo que aprendí de mis clientes extremadamente ricos. Los clientes millonarios que he conocido y trabajado con ellos no siempre tuvieron dinero. Ellos trabajaron muy duro e invirtieron muy temprano en sus vidas. Incansablemente ahorraron, invirtieron su dinero a una joven edad y gastaron sabiamente, aun con solo unos salarios promedio.

Ellos no se volvieron ricos de la noche a la mañana, pero fueron muy constantes en trabajar, pagar sus deudas antes de tiempo, ahorrar e invertir, así que con el tiempo ellos se volvieron extremadamente ricos y mantienen esa riqueza.

Volverse rico es un logro a corto plazo que cualquiera puede lograr, pero también puede desaparecer en un instante si no eres sabio con tu dinero. Volverte rico, ser capaz de mantener esa riqueza a largo plazo, viviendo en abundancia con verdadera libertad financiera, y dejar un legado como herencia, en mucho mas gratificante.

"El dinero mal habido pronto se acaba; quien ahorra, poco a poco se enriquece." Proverbios 13:11 NVI

No voy a entrar en los detalles específicos de las estrategias para invertir en este capítulo y como funciona, porque puede ser muy complicado para entenderlo. Pero quiero simplificar la información básica para que puedas captar por ahora.

Describiré unas pocas clases diferentes de inversiones disponibles en general. Sin embargo, muchos vehículos de estrategias están disponibles para invertir, en todo tipo de situaciones financieras.

Muchos de mis clientes que están muy metidos en inversiones "real state" con propiedades comerciales y residenciales, no tienen mucha liquidez. Sin embargo, también hay aquellos que tienen portfolios muy grandes en acciones, bonos y fondos mutuos extendiéndose uniformemente.

También tenemos el oro, plata, petróleo y una mas nueva alternativa de inversión como la crypto moneda, que puede ser muy volátil. El S&P 500 y NASDAQ son también muy populares. Unas pocas estrategias de inversión libres de impuestos también están disponibles para clientes ricos que quieran pasar de su riqueza a sus hijos. Algunas estrategias de seguros de vida pueden ser usadas para transferir riqueza con fines de planeación patrimonial.

Mi único consejo aquí acerca de inversiones es de que asegures que toda tu cartera de inversiones esta de verdad diversificada. "No pongas todos tus huevos en una sola canasta" es la mentalidad que estoy alcanzando. (en referencia a Eclesiastés 11:1-2. NVI.) Mucho depende de tu situación financiera actual, tu nivel de tolerancia de riesgo, y lo que mejor funciona para tu familia. Todos somos diferentes. Tu actual etapa de la vida también dictará las mejores opciones para ti.

Después de leer hasta aquí acerca de trabajar, dar, pagar tus deudas y ahorrar, el próximo paso es invertir si no has comenzado aún. Yo lo recomiendo fuertemente, tan pronto como sea posible, independientemente de tu edad. Empieza ahora, para tener un futuro financiero seguro y próspero. Abre una cuenta IRA (La tradicional IRA – fondos calificados antes de impuestos) o una cuenta Roth IRA (fondos no calificados después de impuestos) y empieza a contribuir hacia tus ahorros de jubilación. Si eres empleado de una compañía que ofrece el 401k, por favor, únete al plan y contribuye inmediatamente para que puedas obtener las ganancias equivalentes.

Actualmente, la mayoría de las compañías ofrecen entre el 3 y 4 %. Si eres empleado con el gobierno o con una organización sin fines de lucro, únete al plan de retiro 403b que ellos ofrecen.

Esta será la primera parte de tu plan financiero de jubilación. Cuando llegues a tu edad de retiro, puedes ver tus cuentas de retiro para tener un ingreso de por vida o algo como un plan de pensión para el resto de tu vida.

Con esto, no tendrás que descansar solo en los fondos del Seguro Social para sobrevivir durante tu tiempo de retiro, o los años sin salario. Éste paso es crucial para construir riqueza a largo plazo y ser capaz de lograr libertad y éxito financiero para toda tu familia.

"En casa del sabio abundan las riquezas y el perfume, pero el necio todo lo despilfarra." **Proverbios 21:20 NVI**

"Los proyectos del diligente ciertamente son ventaja, mas todo el que se apresura, ciertamente llega a la pobreza." Proverbios 21:5 LBLA

"Los proyectos del diligente ciertamente son ventaja, mas todo el que se apresura, ciertamente llega a la pobreza." Proverbios 21:5 LBLA

CAPÍTULO 6

DISFRUTA Y GASTA CON LIBERALIDAD SIN CARGAS FINANCIERAS

"Esto es lo que he comprobado: que en esta vida lo mejor es comer y beber, y disfrutar del fruto de nuestros afanes. Es lo que Dios nos ha concedido; es lo que nos ha tocado. Además, a quien Dios le concede abundancia y riquezas, también le concede comer de ellas, y tomar su parte y disfrutar de sus afanes, pues esto es don de Dios. Y, como Dios le llena de alegría el corazón, muy poco reflexiona el hombre en cuanto a su vida. Eclesiastés 5:18-20 NVI

Dios, definitivamente, quiere bendecir nuestro trabajo y vidas, dándonos buena salud y riqueza, así como la capacidad de gozarla completamente. De acuerdo al Rey Salomón, que escribió el libro de Eclesiastés, todos tus dones vienen de Dios, nuestro Padre Celestial.

Así que, si ya lograste la mayoría de los pasos prácticos que escribí, por favor, sal de tu casa y gózate. Pero hazlo sabiamente.

Todo tiene que ser balanceado. El asunto que la mayoría de la gente tiene al principio es que gasta demasiado, se meten a deudas sin salida – y para poner las cosas peor, no tienen ahorros. Esto es completamente opuesto a como Dios nos enseña a vivir. En realidad, es la manera de vivir del mundo, no la manera de Dios. La voluntad de Dios para nosotros es que vivamos en paz y libertad financiera.

CAPÍTULO 7

ORAR CONSISTENTEMENTE PARA VIVIR Y PERMANECER EN LIBERTAD FINANCIERA

"No se inquieten por nada; mas bien, en toda ocasión, con oración y ruego, presenten sus peticiones a Dios y denle gracias. Y la paz de Dios, que sobrepasa todo entendimiento, cuidará sus corazones y sus pensamientos en Cristo Jesús." **Filipenses 4:6-7 NVI**

La oración es una parte muy importante de nuestras vidas. Yo oro constantemente por todo y siempre le pido a Dios que guie a mis clientes sabiamente. También le pido que me ayude a entender las necesidades financieras de ellos y sus metas para servirles bien. Le pido a Dios que me ayude a sugerirles las optimas estrategias o inversiones que encajan en sus situaciones financieras actuales y que encajarán en cualquier etapa de la vida que se encuentren. Oro diariamente para tener éxito en mi negocio y también para alcanzar el éxito y avanzar en mi vida espiritual.

***"Querido hermano, oro para que te vaya bien en todos tus asuntos y goces de buena salud, así como prosperas espiritualmente."* 3ª Juan 2. NVI**

Recuerda confiar en Dios para que te ayude en todo lo que haces. Si estas tratando de pagar tus deudas antes de tiempo, pídele a Dios maneras de aumentar tus ingresos o reducir tus gastos de tal forma que puedas ver resultados rápidamente. Si estás ahorrando o invirtiendo para tu jubilación, pídele a Dios que te conceda gracia y proteja tus inversiones. Si vas a hacer un gasto, pídele a Dios que te ayude a gastar sabiamente y a encontrar ofertas y descuentos para ahorrar dinero. He encontrado en mi negocio, que todos quieren ahorrar dinero, sin importar que tan rica es la persona.

PRÓXIMOS PASOS Y ACCIONAR

"No se amolden al mundo actual, sino sean transformados mediante la renovación de su mente. Así podrán comprobar cual es la voluntad de Dios, buena, agradable y perfecta." **Romanos 12:2 NVI**

Gracias por comprar este libro. Estoy muy orgullosa de ti, por querer aprender y cambiar tu actual situación financiera, independientemente de donde te encuentres hoy, así que puedes tener un mejor futuro para tu familia.

Ahora que has dado un paso de fe al comprar y leer este libro, mi esperanza y oraciones por ti son para que actúes hoy. Empieza con algo pequeño y hazlo un día a la vez, para que no te sientas abrumado y tires la toalla.

Tu éxito es muy importante para mi, y estoy segura que también es importante para Dios. Quiero que progreses y alcances tus sueños y metas financieras.

Si quieres información adicional o tienes preguntas para mi en relación a tu actual situación financiera, aquí esta un enlace a mi sitio en el internet. Mi equipo y yo estaremos felices de asistirte y servirte.
Buildingwealthforwomen.com
www.Ephesians320.coach

"Porque yo se muy bien los planes que tengo para ustedes – afirma el Señor -, planes de bienestar y no de calamidad, a fin de darles un futuro y una esperanza." **Jeremías 29:11 NVI**

He aquí mis pensamientos finales:

Dios quiere que tengas éxito y prosperes, así que se diligente y enfócate hasta que logres tus metas.

Yo vivo por cuatro principios básicos que me han ayudado a mantenerme motivada. Estos principios me empoderan para levantarme a un nivel mas alto, y ganar paz y libertad financiera. Si tu consistentemente aplicas estos mismos principios a tu vida, tu lograrás éxitos similares.

1. Trabaja duro

2. Sirve a Dios/Ayuda a la gente

3. Sueña en grande

4. Nunca te des por vencido

"Cristo me da fuerzas para enfrentarme a toda clase de situaciones." **Filipenses 4:13 TLA**

"Ya te lo he ordenado: ¡Se fuerte y valiente! ¡No tengas miedo ni te desanimes! Porque el Señor tu Dios te acompañará dondequiera que vayas". **Josué 1:9 NVI**

SOBRE EL AUTOR

Kim Mai Skidmore es actualmente una coach profesional financiera y dueña de su propio negocio. Fundadora/propietaria de Entheos LLC, un negocio minorista de comercio electrónico, socio con Amazon y Wal-Mart. Comenzó con una marca de salud/bienestar, Eve Natural. Kim creció en el área de Orange County (Orange/Villa Park) en California del Sur. Ella asistió a la Universidad Cal State en Fullerton para administración de negocios. Su carrera empezó en ventas, como una empleada a tiempo parcial vendiendo muebles para el hogar primero mientras asistía a la Universidad los fines de semana. Después de la Universidad, empezó una carrera de tiempo completo en ventas al menudeo con Niman Marcus y después Saks Fifth Ave. Prosiguió a una posición administrativa con Limited Brands para Victorias Secret/Pink como Gestor de Categoria moviendo cinco millones de dólares en ingresos por ventas en una tienda de ventas al menudeo en el Valley Fair Mall en la ciudad de San José, al norte de California y administró un equipo de tiempo completo de entre dieciséis y veinte empleados. Finalmente, después de veintisiete años de experiencia de ventas el menudeo y gerencia, ella decidió añadir otra carrera para convertirse en un consejero financiero que empezó en una pequeña firma en Newport Beach, California, siendo una Coach Financiera Acreditada con Dave Ramsey Solutions hasta la fecha. Su pasión ahora es ayudar a las personas a progresar y que avancen en sus finanzas. Por esta razón escribió este libro, para ayudar a la gente globalmente a tener éxito en sus propias finanzas y ganar libertad financiera. Ella también estableció una comunidad virtual para ayudar a cada mujer también en sus finanzas. Es para mujeres de todas las edades, ya sean solteras, casadas, divorciadas y o viudas, todas son bienvenidas.